中国古典の知恵に学ぶ

菜根譚

THE ROOTS OF WISDOM

エッセンシャル版

洪 自誠 著　祐木 亜子 訳

Discover
ディスカヴァー

はじめに

『菜根譚』はおよそ四百年ほど前に、中国・明代の学者、洪自誠によって書かれた処世訓です。日本には江戸時代末期に伝わり、これまで非常に多くの人から愛読されてきました。中国よりも日本でよく読まれていると言われるほどです。特に経営者や政治家、文化人に座右の書としている人たちが多く、東急グループの創業者・五島慶太、元首相・田中角栄、小説家・吉川英治、元巨人軍監督・川上哲治など、錚々《そうそう》たる顔ぶれが愛読者だったと知られています。

『菜根譚』は、人生にとって重要な原則を的確にあらわしていると高く評価されていますが、それには、十分な理由があります。著者の洪自誠は、儒教・仏教・道教という、中国はじめ東洋全体に影響を与えた三大思想について学び、それぞれの足りない部分を他から補うようにして、この本を書いたのでした。

儒教は自らを厳しく律して学ぶことを説き、道教は反対に自由にのんびりと生きることを勧めます。この二つが現実的な知恵であるのに対し、仏教は宇宙の真理を語り悟りの境地を教えます。『菜根譚』にはそれらすべての要素が含まれていますので、読者のあらゆる悩みや問いに答えを与えることができるわけです。

あるページでは苦しみに耐えて努力すべきであると言い、あるページでは心にゆとりを持ち楽に生きることを勧め、あるページでは現実は幻でありすべてを超越して生きるのがよいと語るこの本は、さまざまな状況や心理の間を揺れ動く私たち人間に対して、常に何らかの答えを示してくれる非常に融通が利く書であるとともに、極端に走らずバランスをとって生きることの大切さを教えてもくれているのです。

『菜根譚』という書名は明代よりさらにさかのぼる宋代の学者の言葉「人よく菜根を咬みえば、すなわち百事なすべし」（堅い菜根をかみしめるように、苦しい境遇に耐えることができれば、人は多くのことを成し遂げることができる）という言葉に由来します。かみしめて味わうべき人生訓の書という意味が込められています。

本書は、原典三百数十項目の中から、現代に生きる私たちに適していると思われる百七十六項目を選び出し、翻訳したものです。ぜひ、あなたにとっても、折にふれて開き「かみしめて味わう」本になってほしいと願っています。

ディスカヴァー編集部

＊本書は２００７年に小社より刊行された『中国古典の知恵に学ぶ　菜根譚』の２２０項目から１７６項目を厳選し、文庫エッセンシャル版として再編集いたしました。

CONTENTS

II

心の持ち方について

III 自分を律することについて

IV

人とのかかわりについて

V ものの見方について

VI 日々の行動について

VII 人間について

VIII 幸福について

I

生き方について

まっとうに生きる

人として恥じることのない、まっとうな生き方を貫いていると、出世の道からはずされてしまったり、不遇な生活を送るはめになったりすることもあるだろう。

一方で、権力者にこびへつらったりするような生き方をしている者は、優遇され得意満面な生活を送ることができるかもしれない。だがそれは一時的なものであって、決して長続きしない。

だからこそ人間は、たとえしばらくの間、不遇で孤独な生活を送ることになっても、まっとうな生き方をすることが大切なのだ。

(前集一)

愚直に生きる

人生経験が浅いうちは、世間の悪いしきたりや慣習、組織の悪習に染まってしまうことも少ない。しかし経験が豊かになるにつれ、厳しい現実を生き抜くための、さまざまな駆け引きやテクニックが身についてくるものだ。

しかし、世渡り上手であるより、素朴で愚直に生きるほうがいい。慇懃《いんぎん》無礼であるより、武骨で一本気であったほうがいい。

（前集二）

—

003

策略を知っていても使わない

権勢や利益、豪華な生活やきらびやかな装飾類に関心がない人は、たしかに清潔である。しかし、こうしたものに関心を持ちながらも、それにどっぷりと浸らない生き方ができる人こそ、実はもっとも清廉潔白な人だと言える。

また、人を陥れたりだましたりする策略や駆け引きのたぐいを知らない人は、たしかに賢明である。しかし、こうした権謀術数を知りながらも、それを使わない生き方ができる人こそ、実はもっとも賢明なのである。

（前集四）

—

004

苦言や逆境を進んで受け入れる

耳に痛い忠告や小言を常に聞き、心の中に思い通りにならない物事が常にあってこそ、自分を磨き、大きく成長できるのだ。

これに対し、お世辞やほめ言葉ばかり聞き、思い通りになることばかりだったら、人生を毒の中に沈めてしまうようなものだ。

（前集五）

005

激務についても悠々と生きる

社会的に高い地位にあるときは、体を休める暇もないくらい仕事が忙しいものである。しかし、こうしたときこそ、その地位やつき合いに縛られるのではなく、心身ともに休まる環境に身を置くことが大切である。

一方で、隠遁《いんとん》して自然の中でのんびりと生活している人は、つい現実の社会から縁遠くなり、世間知らずになってしまいがちだ。だからこそ、田舎暮らしをしていても、常に社会情勢に目を向け、自分なりの見識を持つことが大切だ。

（前集二七）

時代と相手に合わせて生きる

この世の中でうまく生きていくためには、今という時代を読み、相手をよく見て行動することが大切だ。

たとえば、政治的に安定した時代であれば、自らの志や信念を貫いた生き方をすればよいし、風紀や秩序が乱れた時代であれば、四角四面に行動するのではなく柔軟に生きたほうがよい。そして、風紀も秩序もほとほと失われた時代であれば、志や信念を貫きつつも柔軟性を忘れず、臨機応変な対応を心がけたほうがよい。

また、対人関係においても、善人には寛容な態度で接し、悪人には厳格な態度で臨むのがよい。しかし普通の人に対しては、寛容と厳格さの両面を使い分けてつき合うことが大切である。

（前集五〇）

007

人徳を磨く

人徳によって得られた財産や名誉は、ひとりでに枝葉が生い茂る野の花のように、大きくなり続ける。

事業の功績によって得られた財産や名誉は、移し替えられたり捨てられたりする鉢植えの花のように、どうなるか不安定だ。

権力によって得られた財産や名誉は、数日で枯れてしまう花瓶の花のように、かりそめのものにすぎない。

（前集五九）

—

008

無欲に生きる

人間は欲の皮が突っ張るとどうなるのか。強い意志や信念は崩れ、理性は働かなくなる。そして人柄も冷たく残酷になり、潔白な心も悪に染まって汚れてしまう。人としての品格は地に落ちる。

だからこそ、昔のすぐれた人格者たちは、無欲であることがいちばん大切だと言って、俗世間を超越して生きたのだ。

（前集七八）

―

009

後半生こそきちんと生きる

若いころ、好き勝手に遊び暮らしていても、どんなに派手な生活をしていても、晩年になって身を固め、堅実な生活をすれば、過去の浮ついた生活は帳消しになる。

ところが、若いころは節度を守って生きていたのに、晩年になって欲におぼれてしまったり、人の道にはずれた生き方をしてしまったりすると、それまできちんと生きてきた半生が台なしになってしまう。

人間の一生は、後半の人生をどう生きるかで決まるのだ。

（前集九二）

生き方について

―

010

飾らずに生きる

完成度の高い文章とは、奇抜で凝《こ》った表現をしているわけではない。ただ、言わんとすることが一読してすっと心に入ってくるような表現をしているだけである。

人格的に素晴らしい人というのは、普通の人と比べて特に変わったところがあるわけではない。ただ、自分を飾らず、ありのまま生きているだけである。

（前集一〇二）

人目につかない場所で徳を積む

大成功を収め人生の絶頂にあるときにこそ、隠退すべきである。また、職場では出世競争からはずれた地位にこそ、わが身を置くべきだ。

人目につかないところでする行為こそ、注意深く慎重に行うべきだ。恩返しなど期待できない相手のためにこそ、恩を施すべきだ。

（前集一五四）

声高に主張せず穏やかに生きる

主義主張を振りかざす者は、それが誤っていたとき、その主義主張を理由に批判される。

また道徳を振りかざす者は、過ちを犯したとき、その道徳を理由に誹謗中傷される。

だから、悪に近づかず、しかもよい評判や名声とも無縁に、ひたすら穏やかな気持ちで生きるべきだ。それでこそ、安全に世の中を渡ることができる。

（前集一七五）

平凡に生きる

人を陥れるような策略や奇妙な慣習、変わった行動や並はずれた能力というものは、この世を生きていくうえで、わざわいの元となる。

本来、人間に備わっているごく平凡な人間性と平凡な行動によって、十分に、穏やかで満ち足りた生活を送ることができるのだ。

（前集一七八）

—

014

苦境に耐える

昔の人は、「山を登るときは険しい斜面に耐えて登り続け、雪道では、危険な吊り橋に耐えて前に進め」と言ったが、この「耐える」という言葉には深い意味がある。

この世には善人もいれば悪人もいる。その中を渡り歩くのは容易ではない。しかしそこであきらめたり逃げたりすれば、山道で薮や穴に落ち込むように、さらに苦しい状態に陥る。大切なのは、「耐える」力を身につけ、辛抱強く生きていくことだ。

（前集一七九　後段）

015

晩年こそ気力をふるい立たせる

太陽が地平線に沈んだあとでも、空は夕焼けで美しく輝く。また、年の瀬が迫るような寒い時期でも、柑橘類の木は実をつけ、よい香りを漂わせている。

これは人間でも同じだ。晩年になっても、気力を充実させれば、さらなる飛躍を遂げることができるのである。

（前集一九六）

016

権力に取り入らない

権力者に取り入る人は、その権力者が落ち目になれば、たちまち厳しい制裁を受ける。

無欲に徹して気楽に生活をする人は、穏やかな生活を末永く楽しむことができる。

（後集一二）

病気と死について思いをめぐらせる

色欲というのは、激しく燃え上がる炎のようなものだが、自分が病気にかかったときのことを考えると、たちまち冷めてしまう。

また、名誉や利益というのは、甘い味わいのものだが、ふと自分が死んだときのことを考えると、たちまち味気ないものに思えてくる。

常に死を意識し、病気になったときのことを考えながら暮らしていけば、色欲や物欲、名誉欲といったものに惑わされることなく、人としての正しい生き方をすることができる。

（後集二四　後段）

018

野にあって自由に生きる

花は植木鉢に植えると、だんだん生気を失い、鳥は鳥かごに入れると、次第に野生本来のよさを失う。

やはり、山間の大自然の中でこそ、花は存分に咲き乱れ、鳥は自由に飛び回ることができる。このように、それぞれがのびやかに楽しく生きている状態こそ、本来の姿なのだ。

（後集五五）

—

019

穏やかな生活を楽しむ

楽しいことがあったかと思えば、すぐにやっかいなことが起きる。また、物事がうまく運んでいたかと思えば、すぐによくないことが生じて、結果的に差し引きゼロになる。とかく人生はそういうものだ。

ただ、ごく普通の食事やありふれた生活の中にこそ、穏やかで楽しい人生の醍醐味が潜んでいるのだ。

（後集六〇）

020

死を思って現在の日々を充実させる

人は、冬になって落葉した樹木を見て初めて、かつて葉が生い茂り美しい花をつけていたのが、ほんの一時的な繁栄だったことに気づく。

人間も同じで、死ぬ間際になって初めて、生きていたころに築き上げた財産や、大切に育ててきた子どもが何の役にも立たないことに気づく。

だからこそ、何の心配も後悔もなく安らかな気持ちで死を迎えられるよう、充実した日々を送るよう心がけなければならない。

（後集七八）

021

主体的に生きる

自分の考え方や信念をしっかりと持ち、自分が主体となってさまざまな物事を推《お》し進めていく人は、成功してもおごらず、失敗してもくよくよしない。こういう人は、どこで暮らそうとも、何が起きようとも悠然と構えていられる。

一方で、自主性に乏しく、他人まかせ、環境まかせの生き方をしている人は、苦境に陥ると他人や環境のせいにして腹を立て、うまく物事が進めば今度は、その成功に執着する。こういう人は、ごくささいなことにも縛られ、身動きがとれなくなってしまう。

（後集九五）

粘り強く努力を続ける

のこぎりでなく縄を使っても、長い時間をかけて木をこすれば、のこぎりと同じように木を切ることができる。雨だれでも、長い時間同じところに落ちれば、石に穴をうがつ。人としての正しい道を学びたいと思えば、このように粘り強く努力を続けなければならない。

また、水が流れれば、そこに自然と溝ができ、瓜が熟すと自然にへたが落ちる。人としての正しい道を極めたいと思えば、このように自然と道が開けてくるのをじっくり待つべきである。

（後集一一〇）

023

苦労もし、ゆとりも持つ

あまりに暇すぎると、どうでもいい雑念が頭をよぎるものだ。逆に、あまりに忙しすぎると、今度は自分の本心を見つめる余裕がなくなり、自分を見失ってしまう。

心身の苦労はあったほうがいいのである。しかし、一方で、風流を楽しむ心のゆとりも持ち合わせていなければならない。

（後集一一八）

世間とのかかわりを減らす

人生においては、何かを少し減らせば、その分だけ世間とのかかわりから離れることができる。

たとえば、人とのつき合いを減らせば、その分わずらわしさから解放される。また、口数を減らせば、陰口をたたかれることも減る。思案を減らせば、精神的な疲れも軽くなる。利口ぶるのを抑えれば、自分本来の心を取り戻すことができる。

減らすことを考えずに増やすことばかり考えている人は、自分の人生を世間のしがらみでがんじがらめにしているようなものだ。

（後集一三一）

II

心の持ち方について

025

穏やかな気持ちでいる

嵐の日には、鳥までも恐ろしさに震えているが、穏やかな天候に恵まれた日には、草木までも楽しげで喜びにあふれているようだ。このことからもわかるが、自然界にあたたかい陽気が必要なように、人の心にも穏やかで優しい気持ちが欠かせないのである。

（前集六）

—

026

広い心を持つ

この世に生きているうちは、できるだけ広い心を持って生きることが大切だ。寛大な心で他人に接すれば、相手に不平不満の気持ちを抱かせないことになる。

（前集一二 前段）

027

利益のためではなく
自分を磨くために努力する

利益に、人より先に飛びついてはならない。しかし、世のため人のためになる事業や道徳的な行いについては、率先して行い、人に遅れをとってはならない。

報酬を受けるときは、分をわきまえ、一定の限度を超えてはならない。しかし、自らの能力や人間性を磨くためには、限りない努力をしなければならない。

（前集一六）

―
028

あたたかい心を持つ

気候が温暖な春には、植物も芽を出しすくすくと育つが、寒い冬にはたちどころに枯れてしまう。

人についても同じことが言える。心のあたたかい人には、天からの恵みも豊かで、末永く幸せに暮らせるが、心の冷たい人には、天から受ける恵みも少なく、幸せも薄い。

（前集七二）

029

どうにもならないことを悩まない

まだ何も結果が出ていない仕事の先行きについて、あれこれ悩むよりも、すでに軌道に乗っている仕事をどう進めるかを考えるべきだ。

また、過去の失敗についてくよくよ悩むよりは、同じ失敗を繰り返さないためにはどうしたらよいのか、前向きに考えるべきである。

（前集八〇）

030

才能だけでなく人徳を備える

人徳が一家の主人だとすれば、才能は、その主人に仕える使用人のようなものである。才能が豊かでも人徳が備わっていなければ、主人のいない家で使用人が好き勝手にふるまっているようなものだ。これでは、家の中が混乱し、崩壊してしまう。

（前集一三九）

度量を大きくする

人格は、人を受け入れる度量が大きくなるにつれ高まり、度量は、見識が深まるにつれ大きくなる。

したがって、人格を高めようと思うなら、度量を大きくし、度量を大きくするためには、見識を深めなければならない。

（前集一四四）

志を最優先する

事業や学問でどんなに大きな功績を残しても、その人が死んでしまえば、それも終わってしまう。しかし、築き上げてきた精神は、その人が死んでも、時代が変わっても、後継者に脈々と受け継がれていくものだ。

名誉や財産は、時代とともに移り変わるが、人間の信念や志は、後の世までずっとたたえ続けられるものである。

功績や財産、地位や名誉に心を奪われ、自らの信念や志を曲げるような愚かなことをしてはならない。

（前集一四七）

033

包容力を持つ

この世の中でうまく生きていくためには、あまりに潔癖すぎてはいけない。世の中には汚いものやけがれたものがたくさんあるが、それらをすべて受け入れるだけの度量が必要だ。

人とのつき合いにおいても、好悪《こうお》の感情で割り切りすぎるのはよくない。世の中には、善人や悪人、賢人や愚人などさまざまな人がいるが、そうした人たちを皆受け入れるだけの包容力が必要だ。

（前集一八五）

叱られることを喜ぶ

つまらない人間からは、むしろ嫌われたほうがよい。彼らにこびへつらわれるより、よっぽどましだ。

人格者からは、むしろ厳しく叱られたほうがよい。見放されて何も言われなくなるより、よっぽどましだ。

（前集一八九）

物事にとらわれない

事業を成功させ、大きな功績をあげる人は、たいてい、物事にとらわれない性格の持ち主である。

反対に、事業に失敗し、チャンスを失ってしまうような人は、例外なく強情で物事にこだわる性格の持ち主である。

（前集一九四）

036

思い通りにならなくても悩まない

思い通りにならないからといって、くよくよと悩んではいけない。逆に、思い通りになったからといって有頂天になってはいけない。

今の幸せが続くと思ってはいけない。何かを始めようとして出鼻をくじかれたとしても逃げてはならない。

（前集一九九）

037

困難に直面しても平然としている

人格を高めたければ、以下にあげる四つの心がけが必要である。

一、苦境に陥っても、困難に直面しても、何事もないかのように平然と構えていること。

二、酒の席では、羽目をはずすことなく言動を慎むこと。

三、権力者と出会っても、媚《こ》びたりせず毅然とした態度をとること。

四、貧しく身寄りのない人に同情し、いたわりの気持ちを持って接すること。

（前集二二〇）

心を落ち着ける

心が動揺しているときには、杯に弓の影が映るのを見て、蛇かと驚き、草むらに横たわる大岩を見て、伏した虎と見間違う。それは、自分の目に映るものすべてが自分を攻撃してくるように錯覚するからだ。

これに反して、心が穏やかなときには、残忍な人間もカモメのようにおとなしくさせ、騒々しいカエルの鳴き声も美しい音楽のように聞くことができる。つまり、心が落ち着いていれば、すべてのものを、ありのままにとらえることができるということだ。

（後集四八）

―

039

ときには俗世間から離れて心を洗い流す

高い山に登ると、心が広々とのびやかになる。また清らかな川の流れを見ていると、次第に心が洗われてきて、日々の喧噪を忘れてしまう。雨や雪の夜に本を読むと、気持ちがすがすがしくなっていく。また、小高い丘の上で詩を口ずさめば、ひとりでにわくわくと楽しい気分になってくる。ときには、俗世間のことを忘れて、心を洗い流すことも大切だ。

（後集一一四）

III

自分を律することについて

040

才能をひけらかさない

人格者と言われる人には大きく二つの特徴がある。

一つは、誰に対しても公明正大で、自分の考え方や価値観を常に明白に示せること。

二つ目は、自分の才能を奥深くに隠し、決して他人にひけらかしたり、安易に目立つようなパフォーマンスをしないこと。

（前集三）

041

無事なときには心を引き締め、有事の際にはゆとりを持つ

物事がうまくいって無事なときほど、決して気持ちをゆるめることなく、有事に備えておかなければならない。

また、何か事が起こって忙しいときほど、気持ちにゆとりを持って対処するように心がけなければならない。

（前集八　後段）

042

成功しても気を抜かない、失敗してもあきらめない

人から情けをかけられたり、手厚い待遇を受けているときに、思わぬ災難に見舞われることがある。したがって、何でも思い通りに事が進むようなときこそ、本当にこれでいいのかと反省し、気持ちを引き締めなければならない。

また、失敗や挫折をした後に成功のきっかけをつかむこともある。したがって、失敗して思い通りにいかないときでも、あきらめて投げ出してはならない。

（前集一〇）

功績を自慢しない

世に知れ渡るような素晴らしい功績を収めても、それを鼻にかけたりすれば、せっかくの功績もまったく値打ちがなくなってしまう。

一方、天下にとどろくような大罪を犯しても、心底から悔い改め反省をしながら生きていけば、罪悪もやがては消えてしまう。

（前集一八）

おごり高ぶる心を捨てる

自らを誇り、他人を見下したりいばったりするような人間は、真の実力者ではなく、単に空元気を出しているにすぎない。思い上がりを捨て、謙虚に自分を見つめてこそ、真の実力からくる自信が生まれる。

また、情愛や欲望、利益打算などを考えてしまうのは、すべて心の中に迷いがあるからだ。心の中の迷いを消し去ることができたとき、初めて、その人本来の心が現れてくる。

（前集二五）

求めない

功名を立てようと、あくせく動き回らなくてもよい。大きな過ちや失敗を犯すことなく過ごすことができれば、それが何よりの功名である。

また、対人関係においては、他人に何か与えたからといって、その恩返しを期待したり、感謝するよう求めたりしてはいけない。人から恨まれずに過ごすことができれば、それが何よりありがたいことなのだ。

（前集二八）

財産や才能を自慢しない

社会的な地位もあり、財産も豊富にある人は、本来であれば物心両面において恵まれているのだから、他人に対してもあたたかく寛容であるべきなのに、実際には疑り深く不人情な人が多い。それは、物質的に恵まれていても心が貧しいからである。これでは幸せな人生など送ることはできない。

また聡明な人ほど、その才能や見識を隠していればいいものを、自慢げにひけらかす。これでは、愚かな人間とさほど変わらない。このような人が、失敗をしないわけがない。

（前集三一）

我を張らない

利益や欲望を追求するのは、必ずしも悪いことではない。それよりも悪いのは、我を張って他人の意見に耳を貸さないことである。

男女間の愛欲は、必ずしも修養の障害にはならない。それよりも障害になるのは、詳しく知りもしないのに、知ったかぶりをすることである。

（前集三四）

自分の心に勝つ

世の中には自分の心を弱きに導くさまざまな誘惑がある。こうした誘惑をはねのけるためには、まず自らの心に打ち勝たなければならない。
また、自分の進む道に横やりを入れてくるような者もいる。こうした妨害をはねのけるためには、自らの心をコントロールしなければならない。心を平静に保てれば、妨害者を退けることができる。

（前集三八）

049

繊細すぎない、大らかすぎない

繊細な性格の持ち主は、自分のことも大切にするが、他人への配慮も厚く、何事につけても親切すぎるほどである。

一方で、大らかな性格の人は、自分のことはもちろん、他人に対してもこだわらず、あっさりしている。

繊細すぎてもいけないが、大らかすぎてもよくない。

（前集四一）

与えた恩は忘れ、受けた恩は忘れない

人に与えた恩は忘れてしまうのがよい。しかし、かけた迷惑を忘れてはならない。

人から受けた恩は忘れてはならない。しかし、受けた恨みは忘れてしまうべきだ。

（前集五一）

エリートとしての自覚を持つ

真のエリートとは、世の中のために働こうという強い意志と社会的責任を自覚している人のことだ。

幸いにも、選ばれて社会的に高い地位につき、豊かな生活を保障されているのに、人のためになるような発言も仕事もしないようでは、どうしようもない。そんな人間は、百年生きたとしても、一日生きた値打ちさえない。

（前集六〇　後段）

自分に厳しくしすぎない

学ぼうと思う人は、自らを厳しく律する必要があるが、一方では、物事にこだわらないさっぱりとした心持ちも必要だ。

あまりに自分に厳しくするばかりならば、心にゆとりがなくなり、まわりの人も息が詰まってしまう。これでは、結果的に何もいいものは生まれない。

（前集六一）

極端に走らない

志は高くなければならないが、現実離れしていてはよくない。思考は注意深くめぐらさなければならないが、細かいことにとらわれすぎてはならない。

感情はあっさりしているほうがいいが、あまりに冷たくなってしまってはいけない。信念は厳しく守らなければならないが、あまりにかたくなになるのはよくない。

（前集八一）

悪い状況にあっても品格を保つ

みすぼらしい家の庭先がきちんと掃き清められていたり、貧しい家の娘がきれいに髪をとかしていたりする光景を見ると、外見はたしかに華やかではないが、それなりに風情を感じるものだ。

だからこそ、たとえ経済的、精神的にどん底の状況に陥っても、自暴自棄になってはいけない。品格だけは失わないよう心がけるべきである。

（前集八四）

055

ちょっとした迷いを見過ごさない

自分の心に欲が出てきたと感じたら、すぐさま無欲・無心の正しい道に戻るよう、自分を戒めなければならない。心の中に少しでも迷いが生じたら、その心を直視し、すぐに改めることだ。

このように心がけていれば、大事に至る前の小さな問題のときに、わざわいの芽をつみ取ることができる。つまり、ちょっとした迷いでも見逃さなければ、わざわいも福に転じ、起死回生のチャンスをつかむこともできるのである。

（前集八六）

056

自分の心を観察する

静かな環境の中で、何の邪念もなく冷静に考えをめぐらすことができれば、心の本当の姿が見える。

くつろいだ環境の中で、気持ちがゆったりと落ち着いていれば、心の本当の動きがわかる。

淡々として何ものにもとらわれない環境の中で、穏やかな気持ちでいれば、心の本当の味わいがわかる。

自分の本心を知り、人としての正しい道を理解するには、この三つの方法をとるのがもっともよい。

(前集八七)

057

他人の才能をねたまない

一方の意見だけを鵜呑みにして、腹黒い人間にだまされてはならない。自信過剰になって、勇み足になってはならない。

自分の長所を吹聴し、他人の短所を暴き出すようなことをしてはならない。自分が無能だからといって、他人の才能をねたむようなことをしてはならない。

（前集一二〇）

怒りを表さない

誰かにだまされたと気づいても、気づかぬふりをしている。また、他人が自分のことをバカにしたり見下した態度をとったりしても、顔色ひとつ変えず平然としている。

こうした態度に人としての度量の大きさが表れるし、かえってその効果は大きい。

（前集一二六）

考え深くなり、疑り深くならない

「人を陥れてはいけないが、人から陥れられないように警戒する必要はある」。これは、思慮の足りない人を戒めた言葉である。

「人にだまされているのではないかと疑り深くなるよりは、甘んじて人からだまされるほうがましだ」。これは、先を読もうとしすぎる人を戒めた言葉である。

この二つの言葉を念頭に置いていれば、確かな判断力とあたたかい人間性を兼ね備えることができる。

（前集一二九）

すべてを自分の責任と考える

素直に反省のできる人は、あらゆる経験や体験をすべて自分磨きの良薬にできる。一方、人に責任を転嫁してしまう人は、何の成長も得られず、だめな人間になってしまう。

謙虚に反省し、そこから学ぶことのできる人間は成長できるが、無責任で自分の言動を反省しない人間は、悪い方向へ進むばかりだ。両者の人生には、雲泥の差が生じる。

（前集一四六）

190

無理に心を変えようとしない

水は波がなければ穏やかであり、鏡も曇りさえなければ自然と輝いている。

これは人の心も同じで、本来は清らかなのだから、無理に清くする必要はない。濁らすものを取り除けば、自然と清くなる。

また、楽しみも無理に探さなくてもよい。心の中の苦しみを取り除けば、自然と楽しい気持ちになってくるものだ。

（前集一五〇）

非凡や高潔を気取らない

私利私欲を追求するような世の中の風習に染まらず、無欲無心に生きる人は、非凡である。しかし、わざと非凡な人間を気取るのは、ただの変人にすぎない。

世の中の悪い慣習やしきたりに染まらない人は高潔である。しかし、世を捨てて高潔を気取るのは、単なるひねくれ者にすぎない。

（前集一六六）

063

他人からの評価に一喜一憂しない

人間は、とかく高い地位にある人のことを尊敬する。それは、彼らが豪華な服装や装飾類を身につけているためだ。

逆に、低い地位の人を何かとバカにするが、これはその人が粗末な服装を身につけているからだ。

つまり、人間というものは、人格や本質を見て評価しているわけではなく、単に外見で人を判断しているにすぎない。だから、他人の評価に一喜一憂することはない。

（前集一六九）

功績や知識を誇らない

自分の功績や知識を、誇ったりひけらかしたりする人は、人間の価値が外面にあると信じている。だから、このような人たちは、功績や学問がなくても、誠実な心を持って生きている人こそが、本当に立派な人間だということに気づかない。

功績にしても学問にしても、人に見せびらかすのは、まだ人間として成熟していない証拠だ。

（前集一八〇）

他人からの迎合に気をつける

他人から誹謗中傷されても気にすることはない。それは、太陽の光を隠すちぎれ雲のようなもので、時間がたてば雲が風に吹き払われるように事実が明らかになり、汚名は返上できる。

しかし、へつらいや迎合には気をつけなければいけない。それは、すきま風に長くあたっていると知らぬ間に風邪を引くようなもので、気づかぬうちに自分をだめにしてしまう。

（前集一九二）

度を超さない

倹約は美徳だ。しかし、度が過ぎればケチで意地汚い人間になり、結果的に、人としての正しい道に反してしまうことになる。

また、謙虚な態度は立派である。しかし、度を超すとバカ丁寧となり、何か魂胆があるのではないかと誤解されてしまう。

(前集一九八)

使命を自覚して正しく行動する

賢い人間というのは、天から才能を与えられて、世の人々を教育・指導する責任を負っている。ところが、彼らの多くは自分の知識や才能をひけらかし、人々の短所を批判するばかりで何もしようとしない。

裕福な人間というのは、天から財産を与えられて、世の中の人々を貧しさから救う責任を負っている。ところが、彼らの多くが自分の財産を笠に着て、貧しい人を侮り苦しめる。

これでは、たとえ天から使命を受けた人間だとしても、罪人とまったく変わらない。

（前集二一五）

口に出す前によく考える

口は心の門である。人はとかく、心の中で思っていることを何も考えずにそのまま口に出してしまうものだ。だからこそ、意識して口を慎まなければ、言わなくてもいいことや秘密にしておくべきことまで、すっかり外にもれてしまう。

意識は心の足である。人はとかく無意識のうちに人として正しくない行動をとる場合がある。だからこそ、何か行動を起こすときには、それが正しいことなのか、そうでないのかをしっかりと考える癖をつけなければならない。さもなければ、どんどん悪い方向に暴走してしまう。

（前集二二七）

夢中になりすぎない

都会の喧噪から離れた山林は、俗世間から離れひっそりと住むには最適な場所であるが、ひとたび住まいの造りや内装にこだわってしまうと、賑やかな町中に住むのと、何ら変わらなくなってしまう。

また、書や絵画を鑑賞することは、優雅で高尚な趣味であるが、ひとたび夢中になって書画を買いあさってしまえば、それは商売人とまったく変わらなくなってしまう。

つまり、心が何ものにもとらわれなければ、俗世間もそのまま理想郷となるが、逆に心が何かに執着してしまえば、楽しみも一転して苦しみに変わってしまうということだ。

（後集三七）

—

070

忙しいときは冷静になり、暇なときは情熱を持つ

忙しいさなかにあっても、冷静な視点を持ち合わせていれば、落ち込んだりイライラしたりしなくてもすむ。

また、閑職に回されて暇なときでも、投げやりになることなく情熱を持って事に当たれば、そこにさまざまなおもしろさややりがいを見いだすことができる。

（後集五九）

071

騒がしさも静かさも超越する

騒々しさを嫌い、静かさを好む人は、とかく人を避けることで静かな環境を得ようとする。しかし、他人とつき合わずにいれば心静かに暮らせると思うこと自体が、そうした環境に依存しとらわれている証拠である。

このように、現実逃避をしている状態では、「自他を区別することなく、動も静もともに忘れ去る」という境地に到達するのは難しい。

（後集一〇六）

IV

人とのかかわりについて

人に譲る

狭い小道では、一歩よけて人に道を譲ってあげよう。人と争ってわれ先に進もうとすれば、道はますます狭くなる。同様に、おいしい物を食べるときには、進んで相手に分けてあげよう。

このような心がけが、この世の中をうまく生きていくための秘訣なのである。

(前集一三)

友人とは三割の義侠心を持ってつき合う

利害打算を考えて友人とつき合うのは、なんとも味気なくつまらない。といって、他のすべてをおいて友人に尽くすというのも長続きしない。友人とは三割ほどの義侠心を持ってつき合うのがコツである。

また、立派な人間になるには、利益や名誉をまったく求めるなとは言わないが、純粋な心を残しておかなければならない。

（前集一五）

名誉を独り占めしない

名誉は、独り占めしてはならない。自分に協力し支えてくれた人たちにも分け与えるべきだ。そうすれば、他人から恨みやねたみを買うこともない。
逆に、汚名をすべて他人にかぶせてはならない。その一部でも自分が引き受けるようにすることで、自らの人格を磨き高めることができる。

（前集一九）

075

あたたかい家庭を築く

家庭に、嘘偽りがなく和気あいあいとした雰囲気があり、家族がいつも笑顔でなごやかに語り合うことができれば、家族の間に壁もできず、お互い心が通じ合う関係を築くことができる。

こうした心安まるあたたかい家庭を築くことは、気功をしたり座禅を組んだりするよりはるかに素晴らしい効果を心身にもたらす。

（前集二一）

相手の受容量を考えて指導する

人はむやみやたらと厳しく叱りつければよいというものではない。人を叱るときのポイントは、あらかじめ、相手が自分の叱責の言葉を受け入れることができる程度をきちんと考慮することだ。

また、人を育てるときにも、目標を高く置けばよいというものではない。相手が実行できる範囲のことか否かをしっかりと考慮して決めるべきだ。

（前集二三）

077

つまらない人物を憎まず、立派な人物に媚びない

つまらない人間に対して、その短所や欠点をあげつらい厳しく接するのは簡単なことだが、憎まないということは難しい。

立派な人物に対して、その長所や美点に尊敬の念を表し、へりくだった態度で接するのは簡単だが、卑屈にならずに礼を尽くすのは難しい。

（前集三六）

感謝を求めない

人に何かしてあげる場合に、それに対して感謝を求めたり、恩返しを期待したりしてはならない。ただ純粋な善意で行う施しであれば、それは莫大な価値を生む。

しかし、人に何かしてあげることによって、自分の利益を図ったり、見返りを期待するのであれば、本来なら大いに価値のあることだとしても、一文の値打ちもなくなる。

（前集五二）

―

079

周囲の人の元気を失わせない

短気で気性の荒い人は、火が燃え盛るように、まわりの人をおびえさせてしまう。また、人情味のない人は、氷のように、まわりの人を寒々しい気持ちにさせてしまう。そして、頑固で融通のきかない人は、たまり水や腐った木のように、まわりの人の活力を奪ってしまう。このような人たちは、幸せや成功を手にすることができない。

（前集六九）

家族に対して感情的にならない

家族の者が何か過ちを犯したとき、感情的に激しく怒ってもよくないし、黙って見て見ぬふりをしてもよくない。仮に、そのことが直接言いにくいことであれば、遠回しにそれとなく言い聞かせるとよい。しかし、それでも過ちに気づかないときには、日を改めて繰り返し注意をすべきだ。

決して感情的にならず、相手が自然と自分の過ちに気づくように、穏やかに諭すのがよい方法だ。これが家庭円満の秘訣である。

（前集九六）

信念を人に押しつけない

質素で無欲な人は、派手で欲の強い人から疎まれるものであり、慎み深く厳しい人は、勝手気ままでだらしのない人からは嫌われるものである。

嫌がられるからといって、人の上に立つ人間は自分の信念を曲げてはいけないが、その信念を無理に人に押しつけてもいけないのである。

（前集九八）

082

人を責めない

よい人間関係を築くために必要な心がけは三つある。

一、他人の小さな過失をとがめないこと。

二、他人の隠しておきたい私事を暴かないこと。

三、他人の過去の悪事をいつまでも覚えていないこと。

この三つのことを頭に入れて人づき合いをすれば、自らの人格を磨くことができるだけでなく、他人から恨みを買うこともない。

（前集一〇五）

083

感謝を期待しない

よかれと思って人にしたことでも、逆に恨みを買ってしまうこともある。だから、人のためにしたことでも、感謝などを期待せず、忘れてもらうくらいがちょうどよい。

（前集一〇八）

新しい友人をつくるより古い友人を大切にする

人生をよりよく生きるための戒めを四つあげる。

一、個人的に恩を着せるよりも、常に公平公正な態度を貫くこと。

二、新しい友人をつくるよりも、古い友人とのつき合いを大切にすること。

三、名声や評判を求めるよりは、人知れず、世のため人のために尽くすこと。

四、素晴らしい行いをしようとするよりは、ふだんの行いを慎むこと。

（前集一一〇）

人の弱点を責めない

他人の欠点や短所を見つけても、それが目立たないように、できるだけ上手にカバーしてやったほうがいい。短所を直してやろうとムキになって叱ってしまうのは、逆効果である。

また、頑固な人に対しては、辛抱強く、やんわりと諭してやったほうがよい。こちらが相手の頑固さに腹を立ててしまうと、さらに意固地になり殻に閉じこもるだけだから。

（前集一二一）

相手をよく見て心を許す

口数が少なく、なかなか本心を見せないような人に、自分の本心を打ち明けてはならない。

また、感情の起伏が激しく、自分だけが正しいと思っているような人には、話しかけないほうがよい。

（前集一二二）

087

むやみにほめたり悪口を言ったりしない

相手がどんなに立派で素晴らしい人であっても、本当に親しくつき合うようになるまでは、むやみにほめてはならない。なぜなら、二人の間柄をうらやんで、陰口をたたき仲違《なかたが》いさせてしまおうとする輩が出てくるからだ。

また、たとえ相手が悪人だとわかっても、まだ相手と手が切れない間であれば、うかつに悪口を言わないほうがいい。なぜなら、そうした悪口はすぐ相手の耳に入ってしまい、陥れられるかもしれないからだ。

（前集一三一）

088

非難を招くような自慢をしない

美醜は常に隣り合わせである。だから、自分から美しさを誇示しなければ、誰からも醜い人とバカにされることはない。

清濁は常に隣り合わせである。だから、自分から清廉潔白だと誇らなければ、誰からも汚いヤツだと非難されることはない。

（前集一三四）

常に穏やかに人に接する

優しかったり冷たかったりと、人への接し方がころころ変わるのは、貧しい人よりも金持ちのほうが多い。また、相手をねたんだり憎んだりする気持ちは、赤の他人より身内の人間のほうが激しい。

周囲の人の態度にいちいち反応することはない。常に冷静な気持ちで心穏やかに対処しなければ、一日として、気が休まることがないだろう。

（前集一三五）

言葉で人を救う

生活にゆとりがなく、お金や物を与えることができなくとも、言葉で人を救うことはできる。

悩んでいる人や困っている人に出会ったら、一言、優しい言葉をかけるだけで、彼らを悩みや苦しみから救うことができるのだ。これもまた大きな善行である。

（前集一四二）

誠実・円満に人と接する

まともな人間になろうと思えば、誠実な心を持っていなければならない。そうでなければ、何をやっても信用されない。

この世の中でうまく生きていくためには、相手の立場や気持ちに心を配り、円満な人間関係を築いていくよう心がけなければならない。そうでなければ、他人とささいなことでぶつかってしまい、思うように物事が進まなくなる。

（前集一四九）

ゆったりと構えて相手が変わるのを待つ

物事は、せっかちに事情を把握しようと思っても、はっきりしないことがある。そういうときは、ゆったりと構え、自然と明らかになるのを待っているくらいがちょうどいい。

人を使うときも同じだ。部下を動かそうと思って、無理にせかしても従わないばかりか反感を買ってしまう。そういうときは、自由にやりたいようにやらせてみて、自然と意識や態度が変わるのを待つほうがよい。口うるさく言えば、よけい意固地になってしまうのは目に見えている。

（前集一五二）

人を信じる

他人を信じることができる人間は、たとえ不誠実な人間にだまされても、自分の誠実さを貫いたことになる。

他人を疑ってかかる人間は、相手が不誠実な人とは限らないのに、最初から相手をだましたようなものである。

（前集一五九）

昔からの友人と新鮮な気持ちでつき合う

人とのつき合い方や物事への対処方法については、以下の三点に留意すべきである。

一、昔からの友人とは、いつも新鮮な気持ちでつき合うように心がけること。

二、人に知られたくないような事柄を扱うときには、よりいっそう、公明正大な態度で臨むよう心がけること。

三、年老いた人や現役を退いた人に対しては、今まで以上に思いやりの気持ちを持ってあたたかく接するよう心がけること。

（前集一六二）

—

095

人の苦しみを見過ごさない

他人の過ちについては、寛大な気持ちで許すよう心がけたい。しかし、自分の過ちについては、厳しい目を向けるべきである。

自分の苦しみは耐え忍ばなければならない。しかし、他人の苦しみを見過ごしてはならない。

（前集一六五）

―
096

最初に厳しくし、しだいに緩める

人に何かしてあげる場合には、最初はわずかで、徐々に手厚くしていくのがよい。というのも、人は薄情なもので、はじめ手厚くしておいて、あとになって減らしていけば、最初手厚くしてもらったことを忘れて不満に思うからだ。

人に威厳を示す場合には、最初は厳しくして、しだいに緩めていくのがよい。というのも、最初に縛りをゆるくしておいてあとになって厳しくすれば、不当にひどい扱いを受けたと思って、人はその厳しさを恨むからだ。

（前集一六七）

―

097

リーダーになったら言動に注意する

リーダーになった人は、以下の四点に注意して組織を運営していかなければならない。

一、発言は公明正大に、態度は公平公正を貫くこと。

二、常に心を穏やかに保ち、笑顔で部下に接すること。

三、権力や利益にばかり執着している輩に近づかないこと。

四、極端なことをして、つまらない者の恨みを買わないこと。

（前集一七四）

098

悪い者たちと戦わず、穏やかに正しい道へ導く

嘘つきに対しては、真心を持って接することで心を動かし、乱暴者に対しては、穏やかな態度で接することで改心させ、よこしまな人間に対しては、人としての正しい道を教え諭すことで、立ち直らせる。

このように、その人に合った適切な対応をすれば、すべての人を正しい道に導くことができる。

（前集一七六）

099

恵まれているときこそ、思いやりを忘れない

社会的な地位もあり、金銭的にも恵まれた何不自由ない暮らしをしているときこそ、地位も財産もない貧しい人たちの苦しみを理解してやらなければならない。

肉体的に若くて元気なときこそ、年老いて体力も衰えた人のつらさを思いやらなければならない。

（前集一八四）

100

嫌われることを恐れない

世の中をうまく生きていくためには、つまらない人間に迎合したり、世の中の悪習に染まってしまうのはいけないが、といって、世間とまったく接点を持たないというのも行き過ぎでよくない。

経営者として事業をうまくやっていくためには、部下たちから嫌われてもいけないが、といって、喜んでもらうことばかり考えているのもよくない。

（前集一九五）

人に寛大にし、自分に厳しくする

人の過失や欠点を責めるときには、悪いところだけをとがめるのでなく、同時によいところも評価してやることが大切だ。そうすれば、叱られたほうも嫌な気持ちにならなくてすむ。

これに対し、自分の過失や欠点を反省するときには、よいところの中にも悪いところがないか、あえて探し出すくらいの厳しい態度が必要だ。そうすれば、人格にも一段と磨きがかかるだろう。

（前集二一八）

V ものの見方について

自分の心と向き合う

深夜、人が寝静まったとき、ひとりになって自分の心と向き合ってみよう。するとと、さまざまな煩悩が消えて、清らかな本当の心が見えてくる。そのとき、心はのびのびと自由に働くようになる。

そのように本当の心が現れても、煩悩から逃れられないと悟ることができれば、そのとき、真に自らを反省することができるのだ。

（前集九）

他人と自分を比べて判断する

人が置かれている境遇はさまざまであり、恵まれた生活を送っている人もいれば、そうでない人もいる。それなのに、どうして自分が必ず恵まれるはずだと期待できるだろうか。

また、自分自身の感情について考えてみても、それが常に理にかなっているわけではない。それなのに、他人にだけ、常に理にかなっていることを期待するのは間違っている。

このように他人と自分を比べて物事を判断することも、一つのよい方法だ。

（前集五三）

現実は幻だと知る

今生きている現実が仮の世界だと知ることである。つまり、人が求める名誉や功績、財産はもちろん、自分の肉体さえも幻のものだと自覚することだ。

そうすれば、目の前のもうけ話や功名にあくせくすることなく、心穏やかに暮らしていける。

（前集一〇三）

自分の心を見つめる

人は、烈火のごとく怒っているときや、洪水のように抑えがたい欲望がわき起こっているとき、だめだと頭ではわかっているのに、言ってはならないことを口走ったり、してはならない行動を犯してしまう。

では、わかっているのは誰か。わかっていながら犯してしまうのは誰なのか。ここで気づいて踏みとどまることができれば、邪念は良心に変わる。

（前集一一九）

106

世の中は思いのままにならないと知る

魚を捕まえようとして網を張ったところ、予想外にも大きな雁がかかることがある。また、獲物を見つけてうきうきしているカマキリを、後ろからスズメが狙っていることもある。

このように、思いがけないことが起きたり、からくりの中にからくりが隠されていたりと、想定外だらけなのが世の中だ。まったく、人間の浅知恵やたくらみなど何の役にも立たない。

（前集一四八）

世間の評判を鵜呑みにせず、自分で確認する

他人の悪い評判を聞いても、すぐにその人を悪と決めつけたりしてはいけない。評判が、その人を陥れるための策略であるのか、事実なのかを自分の目で確かめてから判断すること。

同様に、他人のよい評判を聞いても、それをすぐ信じて親しくつき合ったりしてはいけない。その噂が、心の曲がった人間が自分をよく見せようとしてたくらんだことなのか、事実なのかを確認してから判断すること。

（前集二〇五）

中途半端な知識に縛られない

世の中のしくみや人情の機微など、この世のあらゆることに精通している人生の達人は、心の中に何のわだかまりも持たない。また愚かな人間は、最初から世の中を生き抜く知恵や知識を持たない。したがって、こういう人たちとは、一緒に学んだり仕事をしたりできる。

一方で、やっかいなのが中途半端に知識を身につけている人だ。彼らは、なまじ知識を持っているがゆえに、それに縛られて素直に物事を研究したり、考えたりできない。したがって、こういう人と協力して事を成し遂げるのは難しい。

（前集二一六）

本質を理解する

人は、文字を使って書かれた書物を読み理解することはできるが、文字で書かれていない書物、すなわち、森羅万象の真理を読み取り理解することはできない。

また、弦の張られた琴を弾くことはできても、弦のない琴、すなわち、自然界の音楽を理解することはできない。

人はとかく、目に見えるものや、耳で聞くことができる音には理解を示すが、目に見えないものや心でしか聞けない音には理解を示さない。形にのみとらわれ、その精神を理解しようとしなければ物事の真髄に迫ることはできない。

（後集八）

立場を変えて物事を見てみる

冷静になってから、熱狂していた当時のことを振り返ってみると、いっときの情熱に振り回されて動き回っていたことがむだだったと気づく。

また、心の休まる暇もないくらい多忙な状態が一段落し、少し自分の静かな時間を持つことができると、そこで初めて心静かにゆとりを持って生活することのよさを実感できる。

（後集一六）

気持ちをゆったりとさせる

時間を長いと思ったり短いと思ったりするのは、その人の考え方によるものだ。また、世間を広いと感じたり、狭いと感じたりするのも、その人の気持ちの持ち方次第である。

したがって、心がゆったりとして穏やかな人には、たったの一日でも千年のような長さに感じられるし、心の広い人は、狭い部屋でも宇宙のような広さを感じることができる。

（後集一九）

社会生活の中で悟る

人としての正しい道を極めるために、人とのつき合いを一切絶って隠遁生活をするなどという必要はない。逆に、普通の社会生活をする中で、その方法を見つけることができるのである。

また、自分という人間を知るためには、必ずしも、すべての欲望を絶った無味乾燥な生活をする必要はない。自分本来の心を静かに見つめる努力によって自分という人間がわかるものである。

（後集四一）

視点を変えて物事を見る

老人になった心境で若者を見れば、争って功績や名誉を求める気持ちを消すことができる。
また、落ちぶれた気持ちになって栄えている生活を見れば、うわべだけのぜいたくさを求める気持ちを断ち切ることができる。

（後集五七）

俗世間を生きる中に真理を発見する

黄金は鉱石を精錬しなければ手にすることができず、宝石も原石を加工しなければ手にすることができない。同様に真理も、幻であるこの世の中で生きていくことで、見えてくるものだ。

風流を感じる心にしてもそうだ。酒を酌み交わしながら議論をする中で、物事を悟ることができるということから考えてもわかるが、風流を感じる心もまた、この俗な世の中を生きていく中でしか得られないものなのである。

（後集八六）

万物の本質は同じであると悟る

この宇宙に存在するすべての物、人間関係におけるさまざまな感情や社会の中で起こるさまざまな出来事は、一般人の視点から見れば、それぞれに異なって見える。しかし、世の中の道理を悟った達人にとっては、すべてが同じにしか見えない。

万物はみな本質的に同じであり、区別や選別をする必要はないのである。

（後集八七）

執着心を捨てて真理を会得する

狭く窮屈な部屋に住んでいても、執着心や悩み事などすべてを捨て去れば、自然の情緒を感じることができる。なにも、絢爛《けんらん》豪華な御殿に住んで、美しい屋根にかかる雲や玉のすだれに降る雨を眺める必要などない。

天地の真理がわかっていれば、わずか三杯の酒を飲んだあと、月の下で粗末な琴を奏で、そよ風に吹かれながら短い笛を吹くことに、人生の楽しみを感じることができる。

（後集九〇）

無心の境地を楽しむ

試しに、自分が生まれる前はどのような姿をしていたのか、また自分が死んでしまったあとは、どのような姿になるのか考えてみるといい。

名誉や地位、財産や功績にこだわる心はすべて跡形もなく消え、残るのは自分本来の精神だけである。そのように考えることができれば、現実や世俗を離れた無心の境地を楽しむことができる。

（後集九八）

客観的に物事を見る

激しい波が荒れ狂う海の中でも、舟に乗っている人はその恐ろしさに気づかないが、かえって陸で見ている人は、恐怖で震え上がっている。

また、酔っぱらった人が宴席で怒鳴り散らしていても、同席している人たちは案外と平気な顔をしているが、はたから見ている人は、苦々しく思っている。

だから、物事の渦中にいても、心はその場から切り離し、冷静な判断ができるようにしておかなければならない。

（後集一三一）

VI

日々の行動について

控えめにする

あらゆる物事に通じることだが、余裕を持ち、少し控えめに対処することが大切である。力を発揮しなければならない場合でも、利益を追求しなければならない場合でも、「八分目」でよしとする。そうすれば、他人に陥れられたり、危害を加えられたりすることもない。

（前集二〇　後段）

後悔しないかどうか考えて行動を決める

満腹になったあとは、食べ物の味わいの微妙な違いなどがわからなくなる。性交のあとでは、異性を求める情欲はすっかりなくなってしまっている。

したがって、その物事の終わったあとに後悔しないかどうか考えて、それを行うかどうか決めれば、行動に間違いがなくなるだろう。

（前集二六　後段）

バランスのとれた働き方をする

さまざまな努力や工夫をしながら熱心に仕事に取り組むことは、それ自体素晴らしいことである。しかし、度を超えて頑張りすぎると、楽しくなくなってしまう。

これに対し、あくせくせず、淡々と仕事をこなすのも素晴らしいことである。しかし、こちらも度が過ぎると、世のため人のために役立つことができない。

（前集二九）

初心に返る、行く末を見極める

事業に行き詰まり、どのように進んでいけばよいかわからなくなったときには、まず初心に返り、失敗の原因についてじっくりと考えてみることが大切である。

一方、事業が成功したときには、行く末をよく見極め、自らの引き際を決めることが肝要だ。

（前集三〇）

正しい行いから逃げない

欲望に絡むことは、たとえそのことが手軽に楽しめるからといって、安易に手を出してはならない。一度その味を覚えてしまうと、それにおぼれ歯止めがきかなくなってしまうからだ。

これとは逆に、人として正しい行いをすることについては、たとえそれが難しいことであっても、決して尻込みをしてはならない。一度そこから逃げてしまうと、どんどん道理からはずれた生き方をせざるを得なくなってしまうからだ。

（前集四〇）

人の言いなりにならない

相手がお金やモノをエサに折れるよう迫ってきても、思いやりの心でそれに対し、決して屈しない。また、相手が地位や権力をエサに屈服を迫ってきても、人としての正しい道を守り通す。

たとえ相手が自分より地位が上の人間であっても、自分の意志や覚悟に反することであれば、決して言いなりにならない。こうした強い信念や志を持っていれば、何を恐れることがあるだろうか。最後には、きっと天も味方をしてくれるはずだ。

（前集四二）

人目につかない所でこそ過ちを犯さない

肝臓が病気になってしまうと目が見えなくなり、腎臓が病気になると、耳が聞こえなくなるとされる。このように、病気というのは、人の目につかない体の内部で発症し、やがてその症状が表に出てくるものだ。

同様に、誰も見ていないからといって、人として誤った言動をすると、やがてはそれが露見し、批判にさらされることになる。だから、人目につかない所でこそ、過ちを犯さないように心がけなければならない。

（前集四八）

本来の目的を見失わない

本を読んでも、内容の素晴らしさを理解できなければ、ただ文字の奴隷になるにすぎない。また、役人となっても、民衆を愛し民衆のために働かなければ、単なる給料泥棒にすぎない。

学問を教える立場の人間でも、理屈ばかりで行動が伴わなければ、それは口先だけの知識にすぎない。また、事業を興しても、利益ばかり追求し、世のため、人のためになることを考えなければ、いずれは社会から淘汰される。

（前集五六）

自己顕示をしない

本当に清廉潔白な人には、清廉だというような評判は立たない。評判が立つのは、自分で清廉を売り物にする自己顕示欲の強い人だ。

本当に素晴らしい技術を身につけている人は、それを見せびらかすようなことはしない。技術を人前でひけらかすようでは、まだまだ未熟者である。

（前集六二）

暇なときでもぼんやり過ごさない

仕事が暇なときでも、ただぼんやりと過ごすのではなく、仕事の改善点などを考えていれば、突然仕事が忙しくなったときに、考えていたことが役に立つ。

休みのときでも、だらだらと過ごすのではなく、何か学ぶようにすれば、事が起こったときに、身につけたことが役に立つ。

また、人目につかないところでも、道徳に反しない行動をしていれば、人前に出たときにそれが役に立つ。

（前集八五）

社会のために尽くす

どんなに地位や権力を持っている政治家や官僚でも、その権勢にあぐらをかき、人に恩を売るだけの人間であれば、乞食とまったく変わらない。

一方で、普通の庶民でも、自ら進んで人のため、社会のために尽くせば、何もしない大臣や官僚よりずっと素晴らしい。

（前集九三）

偽善を働かない

人格者と言われる人でありながら偽善を働くのは、だめだといわれる人間が、やりたい放題悪事を働くのと何ら変わらない。

また、だめな人間が、反省して悪事から足を洗うことは、人格者と言われる人でありながら、人としての道をはずれたことをしたり、信念や志をころころと変えたりするより、よっぽどましだ。

（前集九五）

131

楽しいことはほどほどにしておく

おいしい食べ物でも、食べすぎると、胃腸を痛め、結果的には体を壊してしまう。ほどほどにしておけば、健康を損なうこともない。

また、遊びや楽しみは、夢中になりすぎると身を誤ることになる。ほどほどにしておけば、後悔することもない。

（前集一〇四）

132

軽すぎず、重すぎずを心がける

人の上に立つ人間は、軽々しくふるまってはならない。それは、まわりに流されて軽薄な行動をすると、心の落ち着きを失うからである。

とはいっても、あまり重々しいのもよくない。柔軟な発想ができなくなったり、きびきびした行動がとれなくなったりするからだ。

（前集一〇六）

時間をむだにしない

天地は永遠のものであるが、人生は一度きりである。人の一生は長いようだが、せいぜい百年ほどで、あっという間に過ぎてしまうものだ。
だからこそ、幸いこの世に生まれてきたからには、人生を思いきり楽しむと同時に、むだに過ごすことがないよう、常に心しておかなければならない。

（前集一〇七）

正義に逆らわない

公平な意見や正当な議論に反対してはならない。一度でも、そうした正義に反することをすれば、末代までの恥となる。

権勢を誇り、私腹を肥やす人に近づいてはならない。一度でもそうした人間とつき合ったら、生涯の汚点となる。

（前集一一一）

信念を貫く

自分の信念を曲げてまで、人に気に入られようとしなくてもいい。たとえ、人から煙たがられても、信念は貫き通すべきだ。

特によい行いをしたわけでもないのに、人にほめられようとしなくてもいい。それよりは、身に覚えのない非難やそしりを受けるほうがまだましだ。

（前集一一二）

小さなことにも手を抜かない

本当に立派な人物とはどのような人物か。

一、小さなことにも手を抜かない。

二、人が見ていようがいまいが、悪いことをしない。

三、失意のどん底でも決して投げやりにならない。

この三つが守れる人のことだ。

（前集一一四）

まわりをよく見る

目新しく風変わりなものばかりに飛びついてしまう人は、深い見識に欠けている。

まわりの意見に耳を貸さず、ひたすらわが道を突っ走る人は、最終的に志を全《まっと》うすることができない。

（前集一一八）

138

人格を磨きつつ事業を行う

事業を発展させるための基礎になるのは、その人間の人柄である。基礎がしっかりできていない建物が頑丈で長持ちすることはないように、人徳のない者が興した事業が成功し、発展を遂げた例はない。

また、子孫を繁栄させるための根本となるのは、その人間の志である。大地にしっかりと根を張っていない樹木が、枝葉をつけ成長することがないように、しっかりとした信念や志のない人の子孫が、まともな生き方をしたためしはない。

（前集一五六）

成果が見えなくても続ける

よいことをしても、その成果が見えないことがある。だからといってやめてしまってはいけない。たとえ今は目に見える形で成果が出ていなくても、草むらに隠れ知らぬ間に実を結ぶ瓜のように、気づかないところできちんと実を結んでいるはずだ。

逆に、悪いことをしても、それで得た利益や成果を没収されずにすむことがある。しかし、悪行で得たものというのは、春先に庭に積もった雪のように、たちまち消えてしまうものだ。

（前集一六一）

140

個人的な利害は忘れて物事に取り組む

ある物事について話し合うときには、常に客観的な視点を持ち、利害得失について十分検討する必要がある。

しかし、物事を実行に移す際には、自分の個人的な利害得失は一切忘れる必要がある。

（前集一七三）

本質に迫るまで深く学ぶ

本を読むときは、その本の真髄や精神を感じられるくらいまで、しっかり読み込むことが大切である。そうすれば、うわべだけの理解にとどまらなくてすむ。

物事を観察するときは、その物と一体になるまでじっくりと見ることが大切である。そうすれば、物の表面的な現象にとらわれることなく、本質を見抜くことができる。

（前集二一四）

142

やめるべきことはすぐやめる

何かをやめようと思ったときには、思い立ったそのときに、すっぱりとやめるべきだ。思い悩んだり、いずれそのうちになどと考えていたら、タイミングを逃してしまい、いつまでたってもやめることができない。

昔の人も、「やめようと思ったら、今すぐやめてしまえ。時機を見てからと迷っていたら、一生やめることができない」と言っているが、まさに卓見である。

（後集一五　後段）

やることを減らす

有名であることを誇る人よりも、できるだけ無名で暮らしたいと願う人のほうが、人として魅力的だ。
また、いろいろと物事を始めるよりも、今やっていることをできるだけ減らすほうが、心にゆとりが生まれる。

（後集三一）

心にゆとりを持つための環境を整える

深い山間にある泉のほとりを歩いていると、俗世間の悪い慣習やしきたりに染まった心も洗い清められる。また、詩や書、絵画などをゆっくりと楽しんで鑑賞していると、身に染みついた俗世間の悪臭も知らぬ間に消え去る。

趣味に心を奪われて、本来の志や信念を見失ってはならないが、反面、俗世間の空気に染まらないよう、意識して環境を整え、心のバランスをとることも大切である。

（後集四五）

うまくいかないときは力を蓄える

長い間羽を休め、力を蓄えていた鳥は、いったん大空に飛び出せば、必ず他の鳥よりも高く舞い上がる。また、他の花よりも早く開いたものは、散るのもまた早い。

人間も同様である。なかなか仕事が成功しない、昇進しないと言って嘆くことはない。そのときに、しっかりと力を蓄えておけば、やがてうまくいく。

この道理がわかっていれば、人生の途中で投げやりになることもなければ、焦って成功を求めることもない。

（後集七七）

目の前のことを淡々と片づける

現代人は、何ものにもとらわれない無心な生き方をしたいと願っているが、「求めない」と強く思えば思うほど、かえって雑念が生じ、いつまでたっても無心の心持ちになれない。それは「求めない気持ちを求めている」からだ。

ではどうすればよいのか。

大切なのは、過去の出来事にとらわれず、未来のことをあれこれ思い悩まない、そして今目の前で起きていることを淡々と片づけていくことだ。このような生き方を心がけていれば、自然と無心の境地に入っていくことができよう。

（後集八二）

酒は潔く切り上げる

酒宴が大いに盛り上がり、宴たけなわになったころ、さりげなく席を立ち帰っていく人がいるが、その姿はまるで手放しで絶壁の上を歩いているような潔さがあって粋である。

これに対し、すっかり夜も更けているというのに、まだ酒に酔って外をふらふらと歩いているような人がいる。こういう人は、欲望の世界におぼれているようで、見ていてまったくあきれてしまう。

（後集一〇四）

148

ただ趣味を楽しむだけでなく、そこから何か学ぶ

花や竹を育てたり、鶴や魚を鑑賞するような趣味もいいが、そうした中で、何か感じたり気づいたりすることがなければならない。

ただ漫然と見て楽しむだけというのでは、儒教が言うところの「聞きかじりの学問」であり、仏教で言うところの「現象だけを見て実体を見ない」ことにほかならない。これでは、何の意味もない。

(後集一二五)

VII

人間について

真にすぐれた人を見抜く

濃い酒や脂の乗った肉、極めて辛いものや甘いものなどは本物の味ではない。本物の味というのは、驚くほどあっさりとしているものだ。

同様に、人間も人並みはずれた素晴らしい才能の持ち主が、その道を極めた達人とは必ずしも言えない。達人とは、実はごく普通の人なのである。

（前集七）

立場を変えて人を観察する

身分や地位が低い人は、高い身分や地位にいる人の危うさがわかる。暗いところにいればこそ、明るいところにいる人の挙動が見渡せる。静かに過ごしていると、利益や名誉を求めて動き回っている人のむなしさがわかってくる。沈黙を守っていれば、多弁な人がいかに騒々しいかがわかる。

（前集三二）

教育環境に気を配る

若者を教育するときに大切なことは、環境条件をできるだけ整えてやることである。それはちょうど、箱入り娘を育てるのと同じだ。

特に注意が必要なのは、交友関係である。いったん素行の悪い者に近づいてしまうと、悪風に染まるのも早い。肥沃な田に、雑草の種子をまくようなものだ。雑草がはびこって、よい稲の苗など植えられなくなってしまう。一度悪に染まってしまった若者をまっとうな道に戻すのには、相当な時間がかかるのである。

（前集三九）

欲望に惑わされない

立派な人物だろうが、人が嫌がる職業についている人だろうが、どんな人でも慈悲深い心を奥底に持っているものである。

また、立派な豪邸に住もうが、粗末なあばら屋に住もうが、住めば都であり、どんな住まいにもそれなりの味わいがある。

それなのに、人間はとかく、欲望や感情に心を惑わされてしまい、自分の身のまわりに、それなりの楽しみや幸せが潜んでいることに気づかないのである。

（前集四五）

人に知られずに善行をする

悪いことをしても、それが他人に知られることを恐れる人には、まだ良心というものが残っている。
よいことをしても、それが他人に知られることを期待するようなら、偽善にすぎない。

（前集六七）

清濁合わせ飲む

汚い肥やしをまいた畑には作物がよく育つ。きれいすぎる水には魚は棲《す》まない。

これは人間でも同じで、あまりに潔癖すぎるとかえって人に親しまれない。清濁合わせ飲む度量の大きさが必要なのだ。

（前集七六）

やる気を持つ

人間、やる気があれば進歩するものだ。

手に負えないようなわんぱくな子どもでも、型にはまりたがらない個性的な若者でも、やる気さえあれば、いい方向に伸ばしてやることができる。

しかし問題は、やる気がなく、毎日だらだらと過ごしているような人間だ。このような人間は、一生かかっても進歩しない。

白沙という学者が「生まれつき病気がちであることを恥じることはない。むしろ、何の病気もせず、病気の苦しみを知らない人間のほうが心配だ」と言っているが、まさに的を射た意見だ。

（前集七七　後段）

硬軟両面を持つ

清廉潔白でありながら、しかも包容力があり、思いやりを持ちながら、しかもすぐれた決断力を持っている。

頭脳明晰であるが、他人の考えをやみくもに批判したりはせず、正直であるが、他人の言動に口を挟まない。

このような、硬軟両面を合わせ持った人こそ、立派な人物と言える。

（前集八三）

逆境にあって自分を磨く

人間は、逆境に置かれているときほど、なんとかこの境遇から抜け出したいと一心不乱に自分を磨き鍛えるため、人間的に大きく成長できる。ただ、当の本人が気づかないだけだ。

逆に、何もかもうまくいっているときほど、人はその境遇に安心しきって、努力や鍛錬を怠ってしまうため、成長が止まってしまう。ただ、当の本人が気づかないだけだ。

（前集九九）

人は薄情だと知る

人というものは現金なもので、自分の腹が空いているときには、しげしげとやってくるのに、満腹になれば去っていく。こちらの景気がいいときは、ご機嫌うかがいにせっせと足を運ぶくせに、いったん落ち目になると、寄りつきもしなくなる。これは人の世の常である。

（前集一四三）

159

理屈っぽい人間を無理に変えようとしない

私利私欲ばかり考えている人間に対しては、その過ちを正し、人としての正しい道を歩ませることができる。しかし、理屈ばかり言って我を押し通す人間は、教育のしようがない。

事物の欠陥や不良箇所であれば修理ができるが、道徳心がなく心がひねくれているといった欠陥を持つ人間は、直しようがない。

（前集一八七）

名声を求める人間に気をつける

自分がもうかることばかり考えている人間は、すでに人としての道からはずれた言動をしているため、その悪行は誰の目にも留まりやすい。したがって、影響もそれほど大きくはない。

しかし、名声を求める人間は、自分の信念や志を隠れみのにして、裏で悪行を行うため、人の目につきにくい。したがって、計り知れない弊害をもたらす。

(前集一九〇)

心の冷たい人間にならない

人からどんなに深い恩を受けても報いようとしないくせに、ささいな恨みに対しては、必ず仕返しをする。

他人の悪事や悪評を聞けば、本当かどうかわからなくてもすぐ信じるくせに、善行やよい評判については、事実であっても疑ってかかる。

このような人は、極めて心の冷たい人間だ。こんな薄情な人間にならないよう、くれぐれも気をつけよう。

（前集一九一）

話す内容にとらわれず人を判断する

都会を離れた田舎暮らしの楽しみを、喜々として他人に語る人は、まだ本当に風流な暮らしのよさを知らない。

また、名声や金もうけの話を聞くことをあからさまに嫌がる人は、まだ名声や利益への欲が残っている。

（後集一）

人の心は満ち足りることはないと知る

この世の人々は、以前天下をとっていた王朝の都の跡に草が生い茂っているのを見ても、なお戦いをやめようとしない。また、人間は死ねば墓地に葬られて、いずれは野獣の餌になるということを知っているにもかかわらず、世俗の利益や名誉に心を奪われる。

昔の人の言葉に、「どんな猛獣でも手なずけることはできるが、人の心を従わせるのは難しい。どんなに深い谷であっても、土砂で埋め尽くすことはできるが、人の心を満たすことは難しい」とあるが、まさにその通りである。

（後集六五　後段）

VIII

幸福について

平穏無事に暮らす幸せを知る

幸せとは何だろうか。それは、何の騒動もなく日々平穏無事に暮らせることである。それに対し、あれこれと思いわずらうことが多く、常に満足できない状態ほど不幸なことはない。

ただ、人間というものは、自分がいろいろなことに首をつっこみ苦労して初めて、何事もなく心穏やかに暮らせることの幸せに気づく。また、心静かに暮らすことを心がけて初めて、さまざまに思い悩み、欲望に踊らされて生きていることの不幸に気づくのである。

（前集四九）

165

苦労の中に喜びを見いだす

苦労して物事に取り組む中に、実は喜びがある。物事がうまくいった途端に、失意の悲しみが生じてくるものだ。

（前集五八）

166

常に無心でいる

満月も時がたてば欠けていくように、どんなに素晴らしい名誉や莫大な財産があっても、いずれはなくなってしまうものだ。

栄光や幸福で満たされることを求めてもしかたがない。常に無心でいることを心がけよう。

（前集六三　後段）

167

満たされた生活の中に不幸があることを知る

人はとかく、地位や名誉がある人は幸せだと思っているが、そうとは限らない。実は、名も知られず、地位もない普通の人の生活の中に最高の幸せがある。

人は、住む家もなく日々の食べ物にも事欠く生活が不幸だということは知っているが、満たされた生活の中で生まれる不安や悩みのほうが、もっと深刻だという事実に気づかない。

（前集六六）

楽しい気持ちで暮らす

幸せになりたいと願って幸せになれるものではない。大切なのは、常に楽しみ喜ぶ気持ちを持って暮らすことである。これこそが幸福を呼び込む秘訣だ。

不幸は避けたいと思っていても避けられるものではない。大切なのは、イライラして人にあたったり、暴言を吐いたりせず、常に人に思いやりの心を持って接することだ。これが不幸を避ける秘訣だ。

（前集七〇）

真の幸福をめざす

苦しんだり楽しんだりしながら自分を磨いて、その結果得られた幸福は本物だ。

疑ったり信じたりしながら考え抜いて、その結果得られた知識は本物だ。

（前集七四）

無欲に徹する

無欲な人は、自ら幸せを求めようとはしないが、いつの間にか幸福な人生を歩んでいるものだ。

これに対して、強欲で心がひねくれている人は、常に不幸になりたくない、災難にあいたくないと気をもんでいるが、いつの間にか不幸な人生を歩んでいるものだ。

これでもわかるが、天の働きは神秘的なものだ。人間の知恵など何にもならない。

（前集九一）

満ち足りることを知る

欲にとらわれているものは、金をもらっても、宝石をもらえなかったことに不満を抱き、高い地位を与えられても、その上のより高い地位を与えられなかったことに恨みを抱く。こういう人は、高い地位についたとしても、自ら乞食に成り下がっているようなものだ。

分をわきまえ、満足することを知っている人は、どんなに粗末な食事でもおいしいと言い、どんなに粗末な服を着ていてもあたたかいと言う。こういう人は、地位も財産もない貧しい庶民であっても、心は王侯よりも豊かである。

（後集三〇）

172

幸は不幸、生は死につながることをわきまえる

病気にかかってから健康のありがたさに気づき、戦争が起きて初めて平和のありがたさがわかる。これでは、先見の明があるとはとうてい言えない。幸せを願いながらも、それが不幸の原因となることを知っており、長生きをしたいと願いながらも、その先には死が待つことを知っている。こういう人こそ賢人と言える。

（後集九九）

喜びも悲しみも忘れ去る

子どもが生まれるとき、母親の生命は危険にさらされる。金持ちになると、泥棒に財産を狙われる。どんな喜びや幸せも、悲しみや不幸の原因にならないものはない。

貧乏であれば、できるだけむだ遣いはしないし、病気がちな体であれば、健康に気を遣い、体を大事にする。どんな悲しみや不幸も喜びや幸せの種にならないものはない。

幸せも不幸も同じことと見なし、喜びも悲しみも忘れ去る。人生の達人は、こうした生き方ができる人のことである。

（後集一二〇）

分不相応の幸運に気をつける

身の丈にそぐわない幸せや、何の理由もなく授かった物というのは、天が人を試すためにまいた餌か、あるいは人の世に仕掛けられた罠である。

このようなとき、よほど志を高く持っていなければ、すぐに策略に引っかかってしまう。

つまり、人間は幸運にめぐり会ったり、予想以上の結果が得られたときほど、それが分相応かどうか冷静に判断して対処しなければならないということだ。

（後集一二七）

175

ほどほどで満足する

花は五分咲き、酒はほろ酔い加減に、最高の趣がある。満開の花を見たり、泥酔するほど酒を飲んだりしては、台なしだ。満ち足りた境遇にいる人は、このことをよく考えてほしい。

（後集一二三）

自然の美しさに目を向ける

名誉や金もうけばかり考えている人は、とかく「世間は汚い、世の中は頭を悩まし苦しませることだらけだ」とぼやく。しかしそれは、彼らが目先の損得にとらわれるあまり、自然の美しさに目を向けないからだ。

雲は白く、山は青く、川はさらさらと流れ、岩はそそり立っている。野には美しい花が咲き乱れ、鳥はさえずり、谷にはこだまし、木こりが歌っている。世の中には、こんな美しい世界もあるのだ。

この世は汚れてもいないし、苦しいことばかりが起きるわけではない。そうさせているのは、自分自身の心である。

（後集一二二）

中国古典の知恵に学ぶ　菜根譚　エッセンシャル版

発行日　2016年3月10日　第1刷

Author　洪自誠
Translator　祐木亜子
Book Designer　カバー　廣田敬一（ニュートラルデザイン）
本文　山田知子（chichols）

Publication　株式会社ディスカヴァー・トゥエンティワン
〒102-0093 東京都千代田区平河町2-16-1
平河町森タワー11F
TEL 03-3237-8321（代表）
FAX 03-3237-8323
http://www.d21.co.jp

Publisher　干場弓子
Editor　藤田浩芳

Printing　日経印刷株式会社